BEI GRIN MACHT SICH IHR WISSEN BEZAHLT

- Wir veröffentlichen Ihre Hausarbeit,
  Bachelor- und Masterarbeit

- Ihr eigenes eBook und Buch -
  weltweit in allen wichtigen Shops

- Verdienen Sie an jedem Verkauf

Jetzt bei www.GRIN.com hochladen
und kostenlos publizieren

Roswitha Mehra

Preispolitik - Ein kleiner Überblick der Auswirkungen auf den Unternehmenserfolg

GRIN Verlag

Bibliografische Information der Deutschen Nationalbibliothek:

Die Deutsche Bibliothek verzeichnet diese Publikation in der Deutschen National-bibliografie; detaillierte bibliografische Daten sind im Internet über http://dnb.d-nb.de/ abrufbar.

Impressum:

Copyright © 2012 GRIN Verlag GmbH
Druck und Bindung: Books on Demand GmbH, Norderstedt Germany
ISBN: 978-3-656-34744-6

Dieses Buch bei GRIN:

http://www.grin.com/de/e-book/207097/preispolitik-ein-kleiner-ueberblick-der-auswirkungen-auf-den-unternehmenserfolg

Inhaltsverzeichnis 1

Abbildungsverzeichnis 2

1. **Einleitung**

   1.1. Einführung in das Thema 3

   1.2. Ziele der Arbeit und Vorgehensweise 4

2. **Theoretische Grundlagen**

   2.1. Begriffsdefinition Preis 4

   2.2. Begriffsdefinition Preispolitik 4

3. **Welche Einflüsse wirken auf die Preisbildung?** 5

4. **Preispoltische Strategien**

   4.1 Skimmingstrategie 6

   4.2 Prämienpreisstrategie 7

   4.3 Penetrationspreisstrategie 7

   4.4 Promotionspreispolitik 7

5. **Unternehmensplanspiel**

   5.1 Unternehmensvorstellung 7

   5.2 Preispolitik der verschiedenen Unternehmen

      U1, U2 und U3 in Periode 1-6 8

   5.3 Auswirkungen der Preispolitik auf den jeweiligen

      Unternehmenserfolg 9

6. **Zusammenfassung und zukünftiger Entwicklung** 11

Literaturverzeichnis und Internetquellen 13

Abbildungsverzeichnis

Abbildung 1: Strategieraster des Unternehmens U1   6

Abbildung 2: Darstellung des Preises für Flurförderfahrzeuge

auf dem Heimatmarkt über die sechs Perioden   7

1 Einleitung

1.1 Einführung in das Thema

Welcher Preis soll für die Vermarktung eines Produktes angesetzt werden?
Eine zentrale Frage, mit welcher sich jedes Unternehmen
auseinanderzusetzen hat.

Denn:

Die Preispolitik ist eine der schärfsten Marketingwaffen im Marketing-Mix.
Die Schärfe ergibt sich aus den starken Wirkungen, die sich mit ihr am Markt
erzielen lassen. Sowohl die Kunden als auch die Wettbewerber reagieren auf
Preisänderungen oft drastisch. Der Preis zählt zu den stärksten Treibern des
Gewinns und anderer Unternehmensoberziele, wie Marktanteil oder
Kundenbindung.[1] Die Rolle des Preises hat sich jedoch durch den Wandel
vom Verkäufer- zum Käufermarkt und durch die Erhöhung des
Lebensstandards stark verändert. Heute lässt sich der Absatz nicht mehr
alleine durch den Preis steuern.[2]

Hauptziel für die meisten Unternehmen ist die Gewinnerzielung.

Eine positive Kaufentscheidung wird nur dann getroffen, wenn der Preis
geringer oder genau so groß ist wie der Nutzen, den der Kunde durch das
Produkt erhält. Das bedeutet niemand möchte für etwas mehr ausgeben, als
es ihm wert ist.[3]

Den Preis nach dem Prinzip „Pi mal Daumen" festlegen ist zwar schnell
getan, aber war dies auch die richtige Entscheidung?

Wird der Preis zu hoch angesetzt, kann es passieren, dass das Produkt links
liegen gelassen wird.

Ist der Preis zu gering, verschenkt man wahrscheinlich bares Geld.

Denn der Preis ist das einzige Element im Marketing-Mix bei dem keine
Kosten anfallen.[4]

---

[1] Vgl. Hermann Diller, Preispolitik, 4.Auflage, 2008, Stuttgart, S.21
[2] Vgl. Hans Jung, Allgemeine Betriebswirtschaftslehre, 10.Auflage, 2006, München, S. 630
[3] Vgl. http://www.grow-business.de/marketingberatung/preispolitik.html,
[4] Vgl. http://www.managementportal.de/Ressources/Strategische%20Preisgestaltung.htm

1.2 Ziele der Arbeit und Vorgehensweise

Ziel dieser Arbeit ist es, die Preispolitik und die damit verbundenen Auswirkungen auf den Unternehmenserfolg zu erläutern. Neben den generellen Aussagen erfolgt eine Spezifizierung anhand von Beobachtungswerten aus dem Unternehmensplanspiel, dass im Rahmen des Moduls BWL09 durchgeführt wurde.

Zu Beginn der Arbeit wird auf die theoretischen Grundlagen, wie Abgrenzung der Begriffe Preis und Preispolitik, eingegangen. Anschließend werden die Einflüsse, die bei der Preisbildung mitwirken, aufgezählt. Danach werden die preispolitischen Strategien dargestellt.

Im fünften Kapitel wird zunächst das Unternehmen InCoLo AG vorgestellt und anschließend wird die Preispolitik der verschiedenen Unternehmen des Unternehmensplanspiels in den sechs Perioden verfolgt sowie die Auswirkungen der Preispolitik auf den jeweiligen Unternehmenserfolg (Periodenüberschuss) betrachtet.

Abgerundet wird diese Arbeit mit einer kleinen Zusammenfassung und einem kurzen Blick in die zukünftige Entwicklung.

2 Theoretische Grundlagen

2.1 Begriffsdefinition Preis

Um die Auswirkungen der Preisbildung analysieren zu können, muss zunächst der Begriff Preis definiert werden. Der Preis wird als monetäre Gegenleistung (Entgelt) eines Käufers für eine bestimmte Menge eines Wirtschaftsgutes bestimmter Qualität definiert.[5]

2.2 Begriffsdefinition Preispolitik

Im engeren Sinn bestimmt die Preispolitik zu welchem Preis ein Produkt angeboten werden soll. Die Preispolitik ist die Gesamtheit aller unternehmerischen Überlegungen, Aktivitäten und dispositiven Maßnahmen,

---

[5] Vgl. Hermann Diller, Preispolitik, 4.Auflage, 2008, Stuttgart, S.30

4

die die Festlegung und Durchsetzung des Leistungsentgeltes gemäß den betrieblichen Zielen regeln.[6]

Früher wurde die Preispolitik als reine Rechenaufgabe gesehen, bei der aus entsprechend differenzierten Kosteninfos Entgelte kalkuliert wurden. Heute jedoch kann die Preispolitik als eine sehr komplexe Managementaufgabe betrachtet werden.[7] In der Literatur findet man jedoch auch weitere Definitionen der Preispolitik.

3. Welche Einflüsse wirken auf die Preisbildung?

Es gibt verschiedene Faktoren, die auf die Preisbildung Einfluss nehmen. Man unterscheidet dabei interne und externe Faktoren.

Interne Faktoren:

- Die *Kosten* bilden die Untergrenze für den Preis. Der Preis sollte mindestens die verursachten Kosten des Produktes decken und einen Gewinn oder zumindest einen erheblichen Deckungsbeitrag einbringen.

- Die Preisbildung wird zudem von der *Marketingstrategie* beeinflusst, d.h. von der Wahl der Zielmärkte, der Positionierung einer Leistung und der strategischen Stoßrichtung. Wenn ein Unternehmen Überkapazitäten hat und auf einen führenden Marktanteil abzielt, wird es niedrige Preise ansetzen, um zu überleben. Dagegen werden Unternehmen, die auf Qualitätsführerschaft Wert legen und ihren Gewinn maximieren wollen, hohe Preise festlegen.

- Außerdem muss der Preis auch zum gesamten *Marketingmix* passen: zur angebotenen Qualität, zum Image, zur Art der Distribution oder der Werbung usw.

Externe Faktoren:

- Auch die *Nachfrage*, für die die Preiselastizität wichtig ist, beeinflusst die Preisbildung. Die Preiselastizität zeigt wie stark die Nachfrage auf Preisänderungen reagiert.

---

[6] Vgl. Hans Jung, Allgemeine Betriebswirtschaftslehre, 10.Auflage, 2006, München, S. 630
[7] Vgl. Hermann Diller, Andreas Herrmann, Handbuch Preispolitik, 1.Auflage, 2003, Wiesbaden, S. 4

- Die *Zahl der Anbieter* spielt auch eine beeinflussende Rolle bei der Preisbildung. Je mehr Anbieter auf dem Markt sind, desto größer ist der Druck der Konkurrenten, dem man ausgesetzt ist.

- Die Preispolitik der wichtigen *Konkurrenten* und wie diese auf eigene Preisänderungen reagieren beeinflusst ebenfalls die Preispolitik eines Unternehmens.

- Am Ende ist es jedoch der *Kunde*, der entscheidet, ob der Preis akzeptabel ist. Das wahrgenommene Preis-Leistungs-Verhältnis muss überzeugend sein.

Es gibt natürlich auch *weitere Einflussfaktoren*, z.B. die Marktsättigung, Preiskenntnisse der Konsumenten, Preisschwellen bei den Kunden, gesetzliche Vorschriften, konjunkturelle Entwicklungen usw.[8]

4. Preispolitische Strategien

Bevor ein Produkt auf dem Markt eingeführt wird, muss entschieden werden, welche preispolitische Strategie verfolgt werden soll. Man unterscheidet hierbei die Skimming-, Prämienpreis-, Penetrationspreis- und Promotionspreisstrategie.

4.1 Skimmingstrategie:

Die Skimmingstrategie ist eine Abschöpfungsstrategie, d.h. in der Einführungsphase wird das neue Produkt zu einem vergleichsweise hohen Preis angeboten, der später gesenkt wird. Dadurch werden hohe Gewinne realisiert, die schnell den Forschungs- & Entwicklungsaufwands decken können.[9] Die Skimmingstrategie zählt ebenso wie die nachfolgend beschriebene Prämienpreisstrategie zur Hochpreispolitik.[10]

---

[8] Vgl. Prof. Dr. Ulrich Kreutle, Marketing-Instrumente und Marketing-Mix, BWL205, 2008, S. 25 ff.
[9] Vgl. Christian Homburg, Harley Krohmer; Grundlagen des Marketingmanagements, 1.Auflage, Wiesbaden, 2006, S. 193 f.
[10] Vgl. Hans Jung, Controlling, 2.Auflage, München, 2007, S.436

4.2 Prämienpreisstrategie:

Hier versucht man das Produkt aufgrund der hochwertigen Qualität, des Bekanntheitsgrades, des Distributionssystems langfristig zu hohen Preisen anzubieten. Das Produkt muss jedoch auch diesen hohen Preis gerechtfertigen, wie z.b. bei Luxusartikeln.[11]

4.3 Penetrationspreisstrategie:

Hierbei handelt es sich genauso wie bei der unten erklärten Promotionspreispolitik um eine Niedrigpreisstrategie. Ziel ist es, mit niedrigen Preisen zu Beginn schnell eine Verbreitung des neuen Produktes zu erzielen, um den Marktanteil zu erhöhen und eine starke Marktposition aufzubauen.[12]

4.4 Promotionspreispolitik:

Während bei der Penetrationspreisstrategie zu Beginn geringe Preise festgelegt werden, zielt die Promotionspreisstrategie langfristig auf niedrige Preise ab. Ziel ist die langfristige Erhöhung der Marktanteile. Die Gefahr besteht hierbei, dass die dauerhaft niedrigen Preise an der Produktqualität zweifeln lassen.[13]

5. Unternehmensplanspiel

5.1 Unternehmensvorstellung

In dem Unternehmensplanspiel wird das Unternehmen InCoLo AG dargestellt, welches zu den international führenden Firmen in den Bereichen Flurförderfahrzeug-, Lager- und Materialflusstechnik gehört. Als produzierender Logistikdienstleister deckt InCoLo das gesamte Produktspektrum an Staplern und Regalsystemen ab und bietet darüber hinaus Dienstleistungen sowie Beratung für die komplette Intralogistik an.

---

[11] Vgl. Jung, Allgemeine Betriebswirtschaftslehre, 10.Auflage, 2006, München, S.437
[12] Vgl. Christian Homburg, Harley Krohmer; Grundlagen des Marketingmanagements, 1.Auflage, Wiesbaden, 2006, S. 194
[13] Vgl. Hans Jung, Controlling, 2.Auflage, München, 2007, S.436f.

5.2 Preispolitik der verschiedenen Unternehmen U1, U2 und U3 in Periode 1-6

Vor Beginn des Unternehmensplanspiels wurde das Strategieraster nach Pümpin für das Unternehmen festgelegt. U1 hat sich für folgendes Strategieraster entschieden:

Kriterien	Ausprägungen			
Produkt-Markt-Matrix	Markt-durchdring ■g	Markt-Entwicklung	Produkt-Entwicklung	Diversifi-kation
Synergie	Werkstoff-Orientiert	Technologie ■ Orientiert	Markt-orientiert	
Wachstum	Expandieren Halten ■		Konsolidieren	kontraktieren
„Breite"	Konzentration ■	Neutral	Broadening	
Verhalten gegenüber Konkurrenz	Kostenführer	Differenzierung ■	Nischenstrategie	
Arealstrategie	Regional/national	Multinational	global ■	

Abbildung 1: Strategieraster des Unternehmens U1

Die Gruppe U1 hat sich wie oben zu erkennen ist für eine Differenzierungsstrategie entschieden. Hierbei geht es darum, Produkte und Dienstleistungen anzubieten, die sich von den anderen Produkten und Dienstleistungen unterscheiden und abheben. Dieses Ziel lässt sich nach Gruppe U1 durch einen sehr kundenorientierten Service erreichen. Dazu gehören eine Erhöhung der Kundenzufriedenheit sowie eine Verbesserung der Forschung und Entwicklung bzw. des Technologieindexes. Der Erfolg der Differenzierungsstrategie hängt davon ab, wie leicht sie von Konkurrenten nachgeahmt werden kann.[14] All diese Differenzierungen zielen auf Exklusivität und Produktqualität ab und führen zur Hochpreispolitik. Vorraussetzung für die Durchsetzung einer Hochpreispolitik ist, dass sie vom Kunden akzeptiert wird, sprich es müssen Preis-Leistungs-Vorteile oder eine

---

[14] Vgl. Gerry Johnson, Kevan Scholes, Richard Whittington, Strategisches Management- Eine Einführung, 9., aktualisierte Auflage, München, 2011, S.285f.

Präferenzbildung beim Konsumenten vorhanden sein.[15] Somit verfolgt die Gruppe U1 eine Prämienpreisstrategie für das Planspiel, welche auf ein Alleinstellungsmerkmal abzielt. Ein Alleinstellungsmerkmal kann nur aufgebaut werden, wenn eine geringe Preiselastizität der Nachfrage und ein hohes Serviceniveau der Leistungsträger vorliegt.

In der Ausgangssituation Periode 0 beträgt der Preis für Flurförderfahrzeuge für alle Unternehmen 12000€ und die Servicepakte werden von allen zu 2000€ angeboten. Ziel des Unternehmensplanspiels ist die Maximierung des Gewinns.

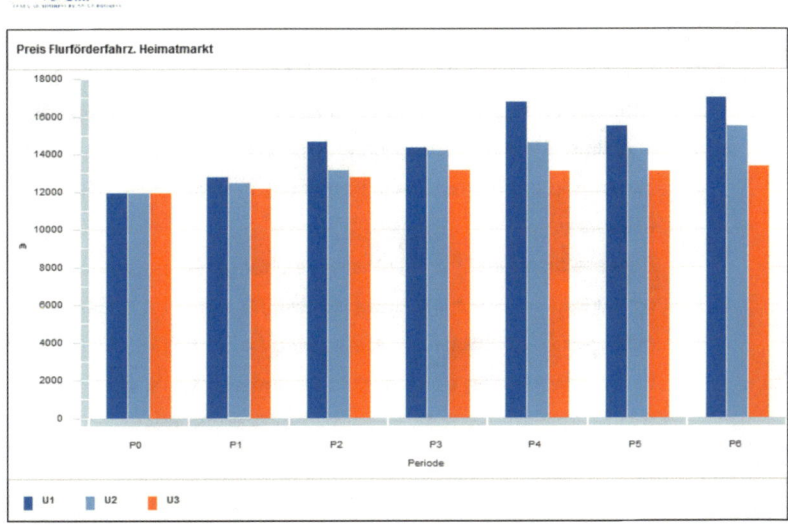

Abbildung 2: Darstellung des Preises für Flurförderfahrzeuge auf dem Heimatmarkt über die sechs Perioden[16]

---

[15] Vgl. Walter Freyer, Tourismus Marketing, 5.Auflage, München, 2007, S.489
[16] Vgl. http://bd.akad.topsim.com/index.php?id=139

Wie in Abbildung 2 gut zu erkennen ist, verfolgt U1 die Prämienpreisstrategie konsequent. U1 lässt sich nicht von den beiden anderen Unternehmen U2 und U3 beeinflussen, die in allen 6 Perioden zu einem günstigeren Preis anbieten. Diese Konsequenz zeigte sich auch beim Marktanteil, der sich bei U1 von P0 zu P6 von 33,33% auf 40,38% erhöht hat. Bei U2 ist der Marktanteil von P0 zu P6 minimal von 33,33% auf 33,03% gesunken, während er bei U3 auf 26,59% gesunken ist. Die anderen beiden Unternehmen U2 und U3 haben erkannt, dass sie trotz niedrigerer Preise an Marktanteil verlieren. Denn niedrigere Preise garantieren nicht automatisch höhere Absatzmengen. Die Niedrigpreisstrategie war hier bei U2 und U3 nicht erfolgreich und führte bei den Unternehmen dazu, sich U1 anzupassen und die Preise anzuheben. Damit U1 seine höhern Preise gerechtfertigen konnte, hat es in Forschung und Entwicklung, Produktqualität, Werbung etc. investiert. Dies spiegelte sich im steigenden Technologieindex, im zunehmenden Bekanntheitsgrad sowie in der höheren Kundenzufriedenheit wieder.

Es wäre also für U2 und U3 erfolgreicher gewesen, wenn sie von Anfang an ihr Budget in Forschung und Entwicklung investiert hätten, um auf dem Markt mithalten zu können. Eine Anpassung an U1 hat jedoch nicht viel gebracht, da U1 schon einen Vorsprung hatte und sich somit die hohen Preise leisten konnte im Gegensatz zu den anderen Unternehmen.

5.3 Auswirkungen der Preispolitik auf den jeweiligen Unternehmenserfolg (Periodenüberschuss)

Da der Preis auch direkt den Umsatz des Unternehmens beeinflusst, der sich aus Preis x Absatzmenge errechnen lässt, hat der Preis auch einen großen Einfluss auf den Unternehmenserfolg (Periodenüberschuss).[17]
Zum anderen beeinflusst der Preis auch die Absatzmenge, da im Normalfall bei steigenden Preisen weniger gekauft wird.

---

[17] Vgl. http://www.grow-business.de/marketingberatung/preispolitik.html

Hierbei werden indirekt die Kosten beeinflusst, die aufgrund der unterschiedlichen hohen Auslastungen der vorhandenen Kapazitäten, von der Absatzmenge abhängen.

Der Gewinn setzt sich genau aus diesen beiden Komponenten Umsatzerlöse und Kosten zusammen. Spätestens jetzt sind die weit verzweigten Folgen einer Preisfestlegung zu erkennen und genau hier liegen die Schwierigkeiten einer Preispolitik.[18]

6. Zusammenfassung und zukünftige Entwicklung

Die Preispolitik ist ein sehr wichtiges Element der Marketinginstrumente, deren Bedeutung immer mehr zunimmt. Zur Preisfestlegung sind nicht nur betriebswirtschaftliche Kenntnisse notwendig, sondern auch psychologisches Geschick kann von Vorteil sein. Dabei beeinflussen viele Faktoren, u.a. Kosten, Marketingstrategie, Marketingmix, Nachfrage, Zahl der Anbieter, Konkurrenten und Kunden, die Preisbildung. Damit die Festlegung des Preises nicht nach hinten losgeht, muss eine Preisstrategie verfolgt werden. Dabei unterscheidet man bei der Hochpreispolitik zwischen der Skimmingstrategie und der Pramienpreisstrategie. Bei der Niedrigpreispolitik werden die Penetrationspreispolitik und die Promotionspreispolitik unterschieden.

Die Umsetzung dieser Kenntnisse wurde im Unternehmensplanspiel getestet, in dem das Unternehmen InCoLo Ag dargestellt wurde. Dabei konnte festgestellt werden, dass ein niedriger Kaufpreis nicht zwingend zu höheren Absatzzahlen führt. Dadurch konnten U2 und U3 trotz niedriger Preise langfristig ihren Marktanteil nicht erhöhen. Es wäre also sinnvoller gewesen von Anfang an mehr in Forschung und Entwicklung zu investieren, wie es U1 getan hat.

Die Preispolitik wirkt sich sowohl auf die Kosten als auch auf den Absatz aus. Da Kosten und Absatz genau die zwei Komponenten des Gewinns sind, wirkt sich die Preispolitik auch auf den Unternehmenserfolg aus.

---

[18] Vgl. Hermann Diller, Preispolitik, 4.Auflage, Stuttgart, 2008, S.21

Da die Auswirkungen der Preispolitik verheerend sein können und sogar das Unternehmen in den Abgrund bringen können, wird die Preispolitik auch in Zukunft von großer Bedeutung sein.

Das Unternehmensplanspiel hat sehr gut gezeigt, was für eine wichtige Rolle der Preis und die Preispolitik spielen und welche Aspekte bei der Preisbildung berücksichtigt werden müssen.

Natürlich könnte man das Thema der Preispolitik noch weiter ausbauen, dies würde jedoch den Rahmen dieser Arbeit sprengen.

Literaturverzeichnis und Internetquellen

Diller, H.
Preispolitik; 4.Auflage, Stuttgart 2008

Diller, H. und Herrmann, A.
Handbuch Preispolitik; 1.Auflage, Wiesbaden 2003

Freyer, W.
Tourismus Marketing, 5.Auflage, München 2007

Homburg, C. und Krohmer, H.
Grundlagen des Marketingmanagements, 1.Auflage, Wiesbaden 2006

Johnson, G. und Scholes, K. und Whittington, R.
Strategisches Management- Eine Einführung, 9., aktualisierte Auflage,
München 2011

Jung, H.
Allgemeine Betriebswirtschaftslehre; 10.Auflage, München 2006

Jung, H.
Controlling; 2.Auflage, München 2007

Prof. Dr. Kreutle, U.
Marketing-Instrumente und Marketing-Mix- BWL205, 2008

o.V.
http://www.grow-business.de/marketingberatung/preispolitik.html, Abruf
21.11.2012

o.V.
http://www.managementportal.de/Ressources/Strategische%20Preisgestaltu
ng.htm, Abruf 21.11.2012

o.V.
http://bd.akad.topsim.com/index.php?id=139, Abruf 21.11.2012